Groupe d'entraide pour personnes séparées/divorcées

D1153539

Groupe d'entraide pour personnes séparées/divorcées

Comment l'organiser et le diriger

Jean Monbourquette

NOVALIS

Groupe d'entraide pour personnes séparées/divorcées
est publié par Novalis.

Éditique: Gilles Lépine.

© 1994 Novalis, Université Saint-Paul, Ottawa.

Dépôts légaux: 2ᵉ trimestre 1994
      Bibliothèque nationale du Québec
      Bibliothèque nationale du Canda
Novalis, C.P. 990, Outremont (Québec) H2V 4S7
Imprimé au Canada
ISBN 2-89088-694-8

Données de catalogage avant publication (Canada)

Monbourquette, Jean

     Groupe d'entraide pour personnes séparées/divorcées: comment l'organiser et le diriger

     Comprend des réf. bibliogr.

     ISBN 2-89088-694-8

     1. Personnes séparées – Counseling. 2. Divorcés. – Counseling. 3. Groupes d'entraide – Gestion. 4. Séparation (Psychologie). I. Titre.

HQ815.M65 1994   305.9'0653   C94-940602-3

NOVALIS

Présentation

Pourquoi créer des groupes d'entraide pour les personnes séparées/divorcées?

Les besoins chez les personnes séparées/divorcées sont grands. Plus de 40 % des couples finissent par une séparation ou un divorce, sans parler du grand nombre de chagrins d'amour. Des études sur le phénomène du divorce révèlent que le deuil émotionnel d'une relation peut exister pendant plus de vingt ans si la personne divorcée ne s'aide pas à résoudre son drame d'amour. Que dire maintenant de l'impact d'un deuil non résolu sur les enfants victimes de l'animosité des parents. On sait aussi combien il est difficile de commencer à aimer de nouveau si on est encore aux prises avec des situations amoureuses antérieures non résolues.

C'est à la demande de plusieurs «aidants» que je me suis décidé à mettre par écrit mes connaissances et mon expérience en groupe d'entraide pour personnes séparées/divorcées. Beaucoup d'intervenants désirent organiser de tels groupes. Ils veulent ainsi permettre aux personnes séparées/ divorcées de jouir d'un lieu où elles peuvent exprimer leur souffrance. Ils veulent par là prévenir les problèmes de santé et les multiples troubles psychologiques et sociaux chez ceux qui ne reçoivent pas l'encouragement et le soutien nécessaires pour vivre le deuil de leur couple.

À qui s'adresse ce guide?

En écrivant ce guide, j'ai pensé à beaucoup de gens: aux psychologues, aux agents de pastorale, aux travailleurs sociaux des CLSC, aux aidants naturels, ces personnes qui possèdent les aptitudes et les connaissances nécessaires pour accompagner les personnes blessées par une perte affective au moyen d'un groupe d'entraide.

Cet ouvrage, je l'espère, deviendra un instrument simple et pratique pour les animateurs prêts à accompagner avec amour et efficacité les personnes séparées/divorcées.

Afin de couvrir un plus grand nombre de situations, à la place du mot «mariage», j'ai employé les mots «couple» ou «relation»; à la place d'«époux», les mots «partenaires» ou «amoureux».

J'aimerais exprimer toute ma gratitude à Suzanne Belzile qui a corrigé le texte et a offert d'heureuses suggestions qui ont enrichi le contenu du présent ouvrage.

Première partie:

Le groupe d'entraide et son fonctionnement

Définition et formation d'un groupe d'entraide

Rôle de l'animateur ou de l'animatrice

Rôle et règles du groupe

Credo du groupe d'entraide

Plan d'une rencontre

Suggestions pour les temps de silence ou de prière

Définition et formation d'un groupe d'entraide

Définition d'un groupe d'entraide

C'est un groupe de personnes qui vivent une même blessure et qui veulent se guérir par le partage de leur vécu et de leurs connaissances. On l'appelle aussi «groupe de soutien», «groupe de support», «groupe de partage».

Le groupe d'entraide se distingue du groupe de thérapie par le fait qu'il est organisé et dirigé par des aidants naturels. Les participants ne sont pas des «clients» et il n'y a pas de frais pour les rencontres. Si un professionnel de la santé dirige un groupe, ce n'est pas en tant que professionnel qu'il le fait, mais en tant que personne blessée ayant besoin de soutien.

Il se peut qu'un professionnel veuille organiser un groupe d'entraide dans le but spécifique de former des animateurs. Il sera attentif à détecter les participants qui démontrent des aptitudes pour l'animation afin de leur confier l'animation du groupe dès que leur formation le permettra.

Ce groupe de personnes vivant une même situation pénible n'a pas besoin d'approbation officielle, car les animateurs de tels groupes n'ont pas la prétention de faire un travail d'«experts», mais veulent être des aidants naturels. Aussi doivent-ils savoir se maintenir dans les limites d'une aide qui, tout en étant très efficace, ne se présente pas comme professionnelle.

On conseille fortement à ces aidants de se trouver des professionnels qui leur serviront de superviseurs ou de personnes-ressources.

Pour ce genre de groupe, il est préférable d'avoir deux animateurs qui travaillent en coanimation.

Un critère de formation du groupe: l'homogénéité

Pour une plus grande efficacité des groupes d'entraide, il est préférable de rechercher une certaine homogénéité quant au type de perte vécue par les participants. En principe, on déconseille de mettre dans un même groupe des personnes endeuillées et des personnes divorcées. Les personnes endeuillées qui n'ont pas subi officiellement d'échec dans leur relation n'aiment pas qu'on les compare avec les personnes divorcées.

Publicité et recrutement

Il y a plusieurs moyens de faire connaître l'existence de groupes d'entraide:

– Le «bouche à oreille», les contacts personnels, etc.

– L'information donnée par un professionnel: prêtre, médecin, travailleur social, infirmière, etc.

– L'information fournie par une agence sociale: CLSC, école, paroisse, hôpital, etc.

- Les communiqués de presse à la télévision communautaire, à la radio, dans la chronique des événements sociaux, ou dans le journal local, etc.

- L'affichage ou le dépôt de dépliants d'information dans les salles d'attente de professionnels, dans les services communautaires, dans les agences sociales, dans les caisses populaires, dans les hôpitaux, dans les entrées d'églises, chez les dépanneurs, etc.

Lieu de rencontre des groupes d'entraide

Choisir un lieu public de préférence à une maison privée, un lieu discret, si possible près des services de transport en commun. L'aménager avec des chaises confortables. S'il y avait des frais de location de la salle, les participants devraient se cotiser afin de les acquitter.

Fréquence et durée des rencontres

Pour une efficacité optimale, la fréquence des rencontres serait d'une fois la semaine. Chaque rencontre ne doit pas durer beaucoup plus de deux heures. Une session de dix à douze rencontres permet un travail en profondeur.

Il est très important de s'en tenir à un horaire précis: commencer à temps et finir à temps. Il faut éviter d'entamer une discussion ou de lancer un exercice vers la fin d'une rencontre.

Il n'est pas interdit aux participants de s'inscrire à plusieurs sessions successives, car la résolution d'un deuil peut demander plus d'une session. De plus, ce serait un moyen de progresser dans la résolution de son deuil et d'apporter son soutien aux nouveaux participants.

Nombre de participants

Le nombre idéal de participants dans un groupe d'entraide se situe entre sept et dix. Il pourrait n'en compter que cinq, pourvu que les participants soient assidus aux rencontres. On ne devrait pas toutefois dépasser le nombre de douze, afin de permettre à chacun une meilleure participation. Si on dépassait ce nombre, il serait préférable de former deux groupes.

Après la première ou la deuxième rencontre, il est encore possible d'intégrer de nouveaux membres. Après la troisième rencontre, l'ajout de nouveaux membres pourrait nuire à la dynamique du groupe déjà engagé dans son cheminement.

Sélection des membres

Il est fort utile de faire une sélection des membres, si possible avant le début de la session. Il s'agit de sélectionner des participants qui vivent de fait le deuil d'une séparation. À cet effet, il serait préférable d'éliminer certaines catégories de personnes comme les suivantes:

–   Souvent, dans ce genre de groupe, il se présente des personnes qui vivent des difficultés conjugales et qui se demandent s'ils doivent se séparer. Ces personnes ne sont pas rendues au deuil, car la relation n'est pas encore terminée. Il faudrait leur suggérer un conseiller ou un groupe spécial apte à les aider à prendre la décision.

—   Certaines personnes demandent d'adhérer à un groupe de personnes séparées/divorcées pour se trouver un nouveau partenaire. Il faut leur faire savoir que ce genre de groupe n'est pas un «lieu de rencontre» et qu'une telle motivation ne fera que nuire à la démarche du groupe.

—   Éviter d'accepter des personnes trop malades psychologiquement: les suicidaires, celles qui divaguent ou qui sont incapables de suivre une conversation, celles qui sont sous l'effet des drogues ou de l'alcool, etc.

—   Il se peut qu'au cours des rencontres on découvre qu'un participant n'a pas compris l'objectif du groupe ou qu'il a besoin d'une aide spécialisée. L'animateur doit alors le rencontrer en privé pour lui signifier que le groupe ne peut pas l'aider et pour lui suggérer des endroits aptes à répondre à ses besoins.

—   À l'expérience, on n'encourage pas le fait d'admettre dans un même groupe des membres d'une même famille. Souvent, ceux-ci craignent de s'ouvrir par peur de faire de la peine à l'autre membre de la famille.

Un instrument utile: le journal de bord

Afin de poursuivre le travail amorcé à la rencontre, on conseille d'écrire dans un cahier des notes personnelles comme journal de bord ou, pour les personnes qui détestent écrire, de dessiner leurs impressions ou d'enregistrer leur voix sur cassette. Dans ce journal, la personne met ses réflexions, les tâches à accomplir, ses progrès, les textes de lecture qui l'inspirent ou la motivent dans sa situation de perte affective.

Ce journal écrit ou enregistré demeure strictement personnel. À aucun moment un participant ne sera obligé d'en lire ou d'en faire entendre des passages au cours des rencontres. Seulement les personnes qui le désirent en feront le partage avec le groupe.

L'animateur:
ses qualités personnelles,
son rôle et ses tâches

Ses qualités

— Avoir connu une expérience de perte affective et avoir résolu son deuil, au moins en partie.

— Être capable de prendre la responsabilité d'un groupe et d'y consacrer le temps nécessaire.

— Être assez bien dans le silence pour permettre à la personne qui parle de vivre ses émotions et de trouver une expression à son vécu.

— Être convaincu qu'il n'est pas nécessaire d'avoir toutes les réponses aux questions et que l'important, c'est l'échange et le soutien entre les membres du groupe.

— Être capable de prendre une distance à l'égard des remarques critiques des participants, soit sur le contenu, soit sur la méthode ou sur la technique d'animation. Développer une attitude non défensive: vous n'avez rien à prouver ou à imposer. Demander plutôt à la personne mécontente si elle a des suggestions à faire pour améliorer la situation et l'inviter à s'engager dans l'action à prendre.

— Se montrer très discipliné dans le don de son temps au groupe. À la fin d'une rencontre, éviter de la prolonger avec un ou des participants. Si un membre demande une rencontre en dehors du groupe, il vaut mieux ne pas acquiescer à sa demande, mais l'encourager plutôt à partager ce qu'il voudrait dire avec tout le groupe. Il pourrait y avoir une exception quand le participant veut parler de son adhésion au groupe.

Son rôle dans le groupe

– Être capable de créer un climat d'accueil, de sécurité et de partage.

– Se montrer sensible aux sentiments et aux émotions des autres et même en valoriser l'expression.

– Être capable d'ouverture: parler de son expérience personnelle d'une manière brève et pour aider les membres du groupe à s'ouvrir.

– Se montrer accueillant face aux manifestations de peine ou de colère des participants et leur faire comprendre que ces émotions sont permises (mettre la boîte de mouchoirs en évidence). À l'occasion, donner la permission à la personne de vivre ses sentiments: «Je serais à l'aise si tu voulais faire silence pour être à l'écoute de tes émotions.»

– Être patient et respectueux, tout en surveillant la durée des interventions.

– Éviter de jouer au psychologue en posant des questions sur l'intériorité du participant ou sur ses intentions de résoudre son problème.

Éviter les questions suivantes:

«Qu'est-ce que tu ressens?»

«À quoi penses-tu quand tu nous parles?»

«Qu'est-ce que tu te dis intérieurement?»

«Comment prévois-tu te sortir de ce pétrin?»

«Pourquoi penses-tu de cette manière?»

Au lieu de poser ce genre de questions, faire participer le groupe: «Y en a-t-il dans le groupe qui vivent ou ont vécu quelque chose de similaire à ce que vit Roger?»

- Accepter une supervision professionnelle pour soi-même et pour les cas difficiles qui devront être référés à des professionnels.

Ses tâches

- Se préparer avant chaque rencontre, physiquement (repos, détente), psychologiquement (sentiment de confiance), spirituellement (sens de son service aux autres).

- Prévoir les tâches à confier aux participants et participantes: lecture de textes, pause-santé, etc.

- Savoir rapidement les prénoms des participants et les utiliser.

- Préparer à l'avance un certain nombre de questions ouvertes.

Exemples: Comment le sujet de ce soir rejoint-il votre expérience personnelle? Comment réagissez-vous au thème de la soirée? Qu'est-ce qui est important pour vous dans le sujet présenté?

- Respecter l'horaire de la rencontre, surtout les heures du début et de la fin.

- Lorsqu'un participant fait une intervention trop longue, la résumer pour en faire ressortir l'intérêt et lui faire accepter de donner la parole aux autres qui ne se sont pas encore exprimés. Promettre à ce participant loquace de revenir à lui quand tous auront eu la chance de s'exprimer.

- Si le groupe manifeste un désir d'information (exemples: connaître le processus du deuil, ses étapes, les moyens de les vivre), donner soi-même l'information ou faire venir un informateur de l'extérieur du groupe.

- Faire clarifier une intervention confuse en disant: «Je n'ai pas bien compris ce que tu veux dire au groupe. Pourrais-tu le dire autrement?» Ne pas insister si la personne ne peut pas ou ne veut pas clarifier son intervention.

- Éviter les conseils du genre «Tu devrais...» Si un des participants joue à l'expert et donne *trop* de conseils, lui signifier que les participants ont plus besoin d'écoute que de conseils.

- Savoir distinguer entre une information pertinente et un conseil-obligation du genre «Tu devrais bien...»

- Si le groupe en fait la demande, avoir en tête quelques bons titres de livres ou le nom de personnes-ressources à inviter.

Règles du groupe

Le groupe n'est pas un quelconque rassemblement de personnes dans un même lieu. Il existe comme corps. Il possède une force et une énergie spéciales qui agissent sur chacun des participants. Chaque participant s'engage à prêter son soutien aux autres et s'attend à en recevoir dans la situation pénible qu'il vit.

Dans un groupe d'entraide, personne n'est obligé de parler. L'auditeur discret peut y trouver un grand bénéfice du seul fait de sa présence. En écoutant les autres, il trouve un modèle d'expression des émotions et des sentiments et communie à leur souffrance. Le groupe demeure donc un lieu privilégié d'apprentissage et de soutien.

Pour que le groupe puisse atteindre les objectifs mentionnés, les membres auront à se soumettre à des règles précises de fonctionnement.

Règles de fonctionnement d'un groupe d'entraide

La discrétion

Chaque membre s'engage à garder le secret absolu sur ce qui est dit ou fait dans le groupe. L'animateur s'assure de l'assentiment de chacun des membres.

La ponctualité

Arriver à l'heure et rester jusqu'à la fin de la rencontre.

L'assiduité

Prévenir si l'on ne peut venir à une rencontre.

La constance

S'engager à ne pas se sauver du groupe dans les moments pénibles.

La liberté

Personne n'est obligé de s'exprimer dans le groupe.

Le non-jugement

Il n'y a pas de bonnes ou de mauvaises émotions ou questions. Tout ce qui est vécu est acceptable, pourvu que l'on parle de soi et non des autres.

Le partage

Le temps est réparti de manière à ce que tous ceux et celles qui le veulent puissent s'exprimer. Éviter aussi les apartés deux à deux.

L'ouverture

Durant la rencontre, on accepte de ne pas fumer ou boire afin de ne pas dissimuler une anxiété qu'on aurait tout avantage à exprimer dans le groupe.

Le respect

Si on a décidé de quitter le groupe en cours de cheminement, s'obliger à venir à la rencontre suivante pour faire ses adieux aux autres participants.

Le credo

Inspiré du credo professé dans les groupes d'Alcooliques Anonymes, le credo du groupe d'entraide permet de créer et de raffermir la foi en la guérison et de se rappeler les certitudes qui expliquent la démarche de résolution d'un deuil.

1– Nous croyons que la séparation et le divorce créent une blessure affective grave que nous devons soigner.

2– Nous croyons que l'échange en groupe, dans un climat de non-jugement, nous aidera à cerner l'ampleur de notre perte pour en faire le deuil.

3– Nous croyons que notre blessure est non seulement guérissable, mais qu'elle nous permettra de grandir.

4– Nous croyons que nous avons tout ce qu'il faut en nous pour réussir notre guérison et notre croissance.

5– Nous croyons qu'il est nécessaire de guérir notre blessure en exprimant nos émotions: peur, peine, culpabilité, colère, etc.

6– Nous croyons qu'un jour nous découvrirons le sens de notre perte affective et que, forts de cette découverte, nous pourrons mieux vivre.

7– Nous croyons qu'un jour, après nous être pardonné à nous-mêmes, nous pourrons mieux comprendre notre conjoint et lui pardonner avec l'aide du Dieu d'amour.

8– Nous croyons que, parce que nous avons aimé, nous avons le droit de faire l'héritage de notre investissement fait dans l'être aimé: les qualités et les talents qui nous ont attirés chez l'autre nous appartiennent.

9– Nous croyons qu'une fois guéris nous pourrons aimer les autres d'un amour plus libre, responsable et créateur.

10– Nous croyons que nous avons besoin de toutes nos ressources spirituelles. Et si nous sommes des croyants baptisés, nous comptons sur une aide spéciale de l'Église, puisque nous en sommes des membres souffrants.

Plan d'une rencontre

Une rencontre d'un groupe d'entraide se déroule généralement en huit étapes:

1– Accueil des personnes

La réception de chacun des participants et participantes par l'animateur est un moment important. Elle permet de créer un climat de confiance; elle diminue les peurs et les résistances ressenties par les participants au cours des premières rencontres. L'animateur veillera à rester disponible pour ce premier temps de la rencontre: poignée de mains, regard dans les yeux, questions d'usage, informations pratiques comme l'emplacement du vestiaire, etc.

2– Centration du départ

La rencontre peut commencer par un moment de silence. On peut y faire un exercice de relaxation, une courte prière appropriée, une chaîne d'énergie ou une brève lecture (voir textes d'appui à la fin des rencontres), bref tout ce qui peut aider à se détacher des préoccupations extérieures. Cette centration vise à favoriser l'intériorité, la présence à soi-même et la présence au groupe. Si un membre refusait de faire cette centration en groupe, il pourrait s'absenter à ce moment-là. Si tout le groupe refusait cet exercice, il vaudrait mieux ne pas l'imposer.

3– Lecture du credo

Le credo du groupe demeure le fondement idéologique qui rassemble les personnes en vue de la résolution de leur deuil. On peut commencer à le lire à partir de la deuxième ou de la troisième rencontre. Il permet de rappeler les objectifs et les orientations de ces rencontres. L'animateur peut demander à des participants d'en faire la lecture.

4– Retour sur la semaine

Les participants et participantes sont invités à dire comment ils ont passé la semaine depuis la dernière rencontre. Ceux qui le veulent partagent leur vécu en relation avec leur perte ou tout ce qui touche à son évolution. L'animateur juge de la pertinence des échanges. Si le matériel apporté durant le retour devient pertinent pour le groupe, on peut y consacrer plus de temps et même toute la durée de la rencontre.

5– Présentation du thème de la soirée

L'animateur présente le thème ou l'étape de l'évolution du deuil développé dans la rencontre. On trouvera, en troisième partie de ce livre, des propositions de thèmes pour douze rencontres. Si le groupe ne semble pas vouloir accepter le thème proposé et préfère aborder un autre aspect du deuil, il est préférable de suivre le mouvement du groupe. La rencontre, alors, est loin d'être manquée puisque le groupe a vraiment pris en main sa démarche.

L'animateur interviendra seulement si les membres s'engagent dans une discussion qui n'a pas de lien avec l'objectif du groupe, à savoir leur situation de perte. Il leur demandera alors si c'est bien ce qu'ils veulent faire, tout en leur signalant qu'ils dévient de l'objectif du groupe. Si les participants décident clairement de ne pas parler de leur séparation ou de leur divorce, l'animateur se donne le droit de se retirer.

6– Échange et partage

Les participants s'expriment sur le thème ou sur tout autre aspect de leur deuil. L'animateur gère le temps imparti à chacun, valorise les interventions, les reformule, invite les silencieux à s'exprimer sans les forcer, etc. (Voir «Rôle de l'animateur ou de l'animatrice», p. 15-16.)

7– Pause-santé

L'animateur trouve un ou deux volontaires pour s'occuper de la collation de la pause-santé. Celle-ci sera simple (café, jus, biscuits) de manière à éviter la compétition entre les membres. Ce moment informel devient souvent une occasion précieuse d'ouverture et d'intimité.

8– Clôture de la rencontre

C'est le moment de:

– donner des nouvelles, comme les anniver-saires, etc.

– proposer un travail pour la semaine qui vient

– suggérer des lectures, annoncer les con-férences sur le sujet du deuil

– souhaiter une semaine fructueuse en guérison.

Certains groupes aimeront terminer par une prière, comme celle de la sérénité des A.A., ou par une chaîne d'énergie. On trouvera des propositions de clôture dans les pages qui suivent.

Suggestions pour les temps de silence et de prière

Récitation du Notre Père

Prière de la sérénité

> Seigneur, donne-moi la **sérénité**
> d'accepter les choses que je ne puis changer,
> le **courage** de changer les choses que je peux,
> et la **sagesse** d'en connaître la différence.

Prière: Il prend soin de nous

> J'en suis venue à la conviction, Seigneur,
> que tu nous rejoins toujours dans notre condition.
> Tu ne nous abandonnes pas dans notre faiblesse,
> notre souffrance ou notre dépression.
> Tu marches avec nous où que nous soyons.
> Tu ne nous tournes pas le dos
> quand nous sommes faibles, blessés ou déprimés.
> Et, au fil des années, avec douceur et patience,
> tu nous transmets la plénitude de ta grâce,
> au fur et à mesure que nous sommes prêts à la recevoir.
>
> Elizabeth Dean Bunham

Prière à Dieu silencieux

> Parfois, mon Dieu, je me fâche contre toi,
> contre la souffrance qui m'accable
> dans mon esprit et mon corps.

D'autres fois, je te demande
qu'est-ce que tu veux me dire par cette perte,
qu'est-ce que tu veux m'enseigner,
qu'est-ce que tu veux faire de ma vie.
Je sais que tu veux m'apprendre quelque chose.
Je suis impatient,
je trouve que tu prends bien ton temps
avant de le révéler.

Jean Monbourquette

Au Dieu fidèle: la fidélité de Dieu
sera toujours plus forte que nos infidélités

Dieu juste et miséricordieux,
lorsque m'abandonnent
ceux en qui j'avais mis ma foi,
lorsque semble même me condamner
ma mère, ton Église,
vas-tu aussi détourner de moi ton visage?
Vois les promesses que j'avais faites,
les engagements
que j'avais pris envers les autres,
envers moi-même et envers toi,
n'ont pas été tenus.
La fidélité a dépassé mes forces.
Mais n'es-tu pas, toi,
le Dieu dont la miséricorde
est pour toute chair,
Celui qui demeure éternellement fidèle?
Car tu ne peux te renier toi-même.
Souviens-toi donc de quoi je suis pétri.
Tu m'as appelé à la communion de ton Fils:
restaure en moi l'être de lumière et de fidélité,
à l'image de ton Fils

que tu as voulu susciter
dans ton immense amour.
Alors, je serai fiancé par la fidélité.
Tel que je suis, dans ma faiblesse,
pécheur au milieu des pécheurs,
j'occuperai la place qui reste la mienne
au sein de l'Église que tu aimes,
une Église de pécheurs.
Et ta fidélité germera sur la terre.

Jan Wyndyka
(*Prier*, janvier-février 1993)

Prière spontanée

Les participants peuvent créer spontanément leurs prières à la suite de la rencontre, pourvu que tous soient d'accord.

1– Ils peuvent faire une prière de type relationnel: ils racontent au Seigneur ce qu'ils vivent sur le plan émotionnel.

2– Leur prière peut prendre l'allure d'une prière d'offrande de leurs souffrances et de leurs joies en union à Jésus Christ.

3– La prière de la fin peut devenir une action de grâce où l'on remercie le Seigneur pour les progrès accomplis.

4– La prière enfin peut être une prière de demande pour soi et pour les autres participants ou leurs parents, afin qu'ils se libèrent de leurs difficultés.

Prière silencieuse et chaîne d'énergie

Elle convient particulièrement à des personnes non-croyantes, mais peut aussi être proposée aux personnes croyantes.

1– Prendre un moment de silence pour se centrer.

2– Ajouter ensuite une pièce musicale bien choisie.

3– Terminer par une chaîne d'énergie: les personnes, en cercle, se tiennent la main et s'envoient silencieusement de l'énergie pour guérir et bien vivre leur situation émotionnelle.

Deuxième partie

A. La gravité de la perte d'une relation
   et les facteurs qui l'influencent

B. Les diverses pertes engendrées
   par la séparation ou le divorce

C. Les étapes de résolution du deuil
   à la suite d'une séparation ou d'un divorce

A. La gravité de la perte d'une relation et les facteurs qui l'influencent

Perdre un être cher lors d'une séparation ou d'un divorce vient au second rang après un décès dans l'échelle de stress causé par des événements pénibles de la vie. Par contre, l'expérience du travail auprès des personnes séparées/divorcées révèle que certains divorces sont beaucoup plus pénibles que la mort d'un être cher à cause de leur caractère non définitif. Lors d'un décès, la personne aimée n'est plus physiquement présente, alors que dans une séparation la personne que l'on a aimée est toujours vivante. Il arrive qu'on doive souvent la rencontrer pour solutionner des problèmes communs. En dépit de la séparation, les époux conservent beaucoup de liens: les biens matériels, les enfants, les amis communs, les belles-familles et parfois aussi des relations de travail.

Voyons les facteurs qui influencent la gravité d'une séparation. Nous nous contenterons ici de les nommer sans les commenter.

1– La situation du conjoint non instigateur: celui qui subit la séparation; il ne l'a pas vu venir et il ne s'est pas préparé à cette nouvelle.

2– L'intensité de l'attachement à l'autre ainsi que le degré de dépendance financière, émotionnelle et spirituelle.

3– Le niveau d'estime de soi ou de valeur personnelle au moment de la séparation.

4– La situation émotive qui a précédé la séparation: disputes, trahisons, infidélités, etc.

5– La qualité du soutien et de l'aide que l'on peut recevoir de son milieu: amis, parents, thérapeute, etc.

6– Le nombre et l'âge des enfants.

7– Le nombre d'années consacrées à la relation.

8– Les habiletés acquises pour faire ses deuils.

9– La santé physique et émotive au moment de la séparation.

10– Les autres circonstances pénibles qui peuvent survenir au moment du divorce ou de la séparation.

B. Les diverses pertes engendrées par la séparation ou le divorce

Lors d'une séparation, il y a d'abord la perte d'une personne qu'on a beaucoup aimée et qu'on aime peut-être encore. D'une manière spéciale dans l'amour passionnel, on avait habillé cette personne de plusieurs projections; on l'avait idéalisée; on avait trouvé en elle des qualités qu'on aurait aimé posséder. On la considérait comme une partie intégrale de soi, et un peu comme sa possession.

Se séparer de cette personne ressemble à une amputation de soi-même. On se retrouve blessé psychologiquement au point de vivre des états d'angoisse et de dépression.

La perte de la personne aimée s'appelle le deuil primaire. À celle-là s'ajoutent des pertes secondaires, nommées deuils secondaires, qui parfois sont plus importantes que le deuil primaire. Voici quelques exemples de pertes secondaires:

> La perte de l'idéal de vivre en couple et en famille pour toute la vie
>
> La perte d'un soutien affectif
>
> Les pertes financières et de certains biens matériels auxquels on s'était attaché: déménagement, partage des biens, frais d'avocats, etc.
>
> La perte d'un statut social
>
> La perte de tous les projets d'avenir à deux
>
> La perte d'un dialogue calme pour éduquer les enfants
>
> La perte d'amis communs ou de la belle-famille
>
> La perte d'une certaine réputation d'être un «couple heureux»
>
> etc.

Avant de pouvoir assumer toutes ces pertes, la personne séparée doit passer par des étapes de deuil que nous décrivons dans les lignes qui suivent.

C. Les étapes de résolution du deuil à la suite d'une séparation ou d'un divorce

1– Être prêt à la séparation ou être pris au dépourvu

Les experts dans le traitement du divorce font une nette distinction entre la personne qui demande la séparation et la personne qui subit la situation sans y être préparée. La première est appelée «l'instigateur», et la seconde, «le non-instigateur».

Voici les «avantages» de l'instigateur sur le non-instigateur.

L'instigateur aura eu le temps de se faire une idée sur le fait de se séparer et même, à certains moments pénibles de la vie commune, pourra commencer à «jouir» intérieurement de sa décision.

Il aura eu le temps de s'habituer à cette idée et de se convaincre du bien-fondé de sa décision en accumulant des arguments en sa faveur dans les moments pénibles de la relation.

Il aura eu le temps d'arranger ses affaires en vue de la séparation, par exemple de calculer les biens qui lui reviennent, d'obtenir des informations légales et même de faire, avant la séparation, des transactions financières à son avantage.

Il se peut aussi qu'au plan émotionnel il ait commencé à s'engager dans une nouvelle intimité ou, du moins, à «lorgner» les personnes avec lesquelles il aimerait vivre une nouvelle intimité.

Par contre, l'instigateur n'est pas sans vivre un fort sentiment de culpabilité. Souvent, en thérapie conjugale, nous voyons que l'instigateur vient consulter pour s'assurer que son compagnon aura un soutien psychologique en la personne du psychothérapeute au moment de la séparation.

Le non-instigateur, lui, se trouve souvent dans une position de grande vulnérabilité et il a tendance à réfuter la perspective d'une séparation.

Il n'a pas vu venir la séparation, du moins il n'a pas voulu la voir. Sous le choc, il a souvent tendance à nier la véracité de la décision de l'autre, croyant que c'est une crise passagère comme les autres crises déjà vécues dans la relation.

Il se sent pris au dépourvu, car il n'a pas eu le temps de se préparer psychologiquement et matériellement. Il vit alors une forte angoisse.

Il s'en veut de ne pas avoir prévu le coup et, parfois, il s'accable de blâmes. L'estime de soi et la confiance en soi s'en trouvent durement atteintes.

2– Se laisser vivre le méli-mélo des émotions

a) L'instigateur versus le non-instigateur

L'instigateur souffre souvent moins de l'envahissement émotionnel que le non-instigateur, car il a eu le temps de se préparer mentalement. Parfois, il se croit exempté de faire un deuil. Plusieurs s'engagent dans une nouvelle relation, croyant ainsi guérir leur blessure. Le danger d'une telle croyance, c'est de ne pas quitter émotivement la relation précédente et de projeter sur le nouveau partenaire des attentes identiques à celles entretenues sur l'ancien.

Le non-instigateur, s'il ne s'est pas préparé à la rupture, vivra la pleine charge émotionnelle de la nouvelle avec toutes les conséquences que l'on connaît: choc, manque de concentration, peine, obsessions du passé, etc.

b) Description de la séquence des émotions

Pour l'instigateur comme pour le non-instigateur, voici une brève description des sentiments qu'éprouvent les personnes qui se séparent. Il ne faut pas croire que les émotions et les sentiments décrits surviennent selon une séquence précise. Au contraire, ces états d'âme arrivent à l'improviste selon une logique incompréhensible, et se vivent même souvent sous forme d'ambiguïté.

De l'angoisse au désespoir

L'angoisse est une sorte de peur de ne pas pouvoir avoir la maîtrise de sa vie. On se sent impuissant devant la situation de rupture; on a tendance à nier l'inévitable et à vouloir trouver des moyens de s'en sortir. À ce moment, le non-instigateur fait des pressions sur l'instigateur pour tenter à tout prix une réconciliation.

L'humiliation

Le non-instigateur se sent habituellement rejeté, abandonné et même trahi par la personne qui lui avait juré fidélité pour la vie.

La peine de la perte

Une grande tristesse s'empare des anciens amoureux. Ils éprouvent le besoin de pleurer la perte du compagnon, la perte de la relation ainsi que toutes les autres pertes qui s'y rattachent. Ce sentiment peut persister au point où la personne perd goût à la vie.

La solitude

À la tristesse s'ajoute le sentiment de solitude qui devient lourd à porter avant qu'on l'ait apprivoisé et qu'on en ait fait une réalité féconde. Ce sentiment remonte à la vue d'autres couples, lors des sorties, des difficultés avec les enfants, durant les longues nuits d'insomnie, etc.

La colère et l'hostilité

Parfois, on sent le besoin de faire du mal à celui ou celle qui veut quitter la relation. Le besoin de se venger prend souvent la forme d'un dénigrement du conjoint aux yeux des parents et des amis. D'autres fois, on a tendance à déplacer sa colère sur la société, les parents, les professionnels et Dieu.

La culpabilité

La culpabilité vient aussi hanter les personnes séparées. Elles se blâment de la dissolution de leur relation. Elles se sentent coupables vis-à-vis de leurs enfants, de leur famille, de leur Église, etc. La culpabilité peut survenir sous forme d'impatience envers soi: on s'accuse d'être faible, de ne pas prendre de décision, d'être triste et déprimé, etc. D'autres fois, elle devient une culpabilité faite d'obsessions du style «j'aurais bien dû...»; elle se nourrit alors d'une colère non exprimée qui se retourne sur soi. Ce genre de culpabilité est dommageable, car elle entraîne dans des états dépressifs et de fatigue.

L'euphorie de la libération

Si paradoxal que cela puisse paraître, au milieu de sentiments inconfortables, il arrive que montent en soi des moments d'euphorie où l'on se sent libre d'une relation qui devenait de plus en plus pesante et pénible à vivre.

La pleine réalisation de la perte

Cette étape que nous appelons aussi «la grande braille» marque la fin de l'étape émotionnelle du deuil. Les personnes séparées prennent un certain temps avant de «réaliser» l'étendue et la profondeur des pertes causées par la séparation. Puis un jour, quand la personne a accumulé assez de ressources intérieures, la globalité de la perte lui apparaît clairement; elle touche alors à un désespoir profond, mais de courte durée. À la suite de lamentations rouges de douleurs, survient un état d'accalmie et de paix, prélude à une acceptation complète de la séparation. C'est là le début de la guérison.

3– Accepter l'inévitable et prendre en charge la séparation

Les personnes qui se séparent, en particulier le non-instigateur, doivent, une fois le bouleversement émotif calmé, prendre une part active dans la séparation au lieu de se laisser subir l'événement. Une fois que toutes les voies de réconciliation ont été épuisées, il faut s'occuper des affaires non finies:

• Voir à la distribution des biens matériels en consultant un médiateur compétent ou un avocat expéditif.

• Trouver un moyen de dialoguer avec son conjoint pour s'occuper de tout ce qui touche l'enfant: la garde, la pension alimentaire, les autres décisions qui relèvent de son bien-être.

• Un certain nombre d'ex-conjoints s'apportent des services, et même continuent d'avoir des relations sexuelles pendant un certain temps après la séparation. Aussi faut-il savoir ce que l'on peut attendre de «l'ex» et se demander si l'on veut maintenir des rencontres qui ne concerneraient pas les enfants.

• Discerner si l'on veut conserver les relations avec les amis communs et la belle-famille.

• S'occuper des dispositions juridiques du divorce.

• Dans certains cas, faire une demande de décret de nullité de mariage.

• S'il y avait des formes de harcèlement de la part du conjoint, s'organiser pour les faire cesser. Exemples: Si le conjoint vous poursuit de ses appels téléphoniques ou s'informe de votre vie personnelle auprès des enfants.

4– Trouver un sens à sa vie à la suite de la séparation

Il serait important de faire une autopsie de l'échec de la relation, non pas pour se blâmer, mais pour mieux se connaître et pour éviter de retomber dans les mêmes erreurs. Les questions suivantes pourront être utiles:

Qu'est-ce qui m'a poussé à m'attacher à cette personne?

Quelles nouvelles connaissances sur moi pourraient m'aider à trouver des moyens de grandir?

Qu'est-ce qui nous a empêchés d'être heureux ensemble?

Comment s'est détériorée notre relation?

Quelle est ma part de responsabilité dans la rupture de la relation?

Après avoir acquis des données sur soi et sur sa manière de créer des liens amoureux, il serait intéressant de chercher des moyens de pallier à ses défauts et faiblesses. Par contre, il ne faut pas seulement regarder en arrière; il est important de prendre le temps de se redéfinir comme personne, de découvrir ses désirs et ses goûts profonds, de bâtir son autonomie et éventuellement de savoir ce que l'on veut faire de sa vie.

Cette phase consiste à trouver le sens de la perte dans sa vie, car il n'est pas une perte qui ne puisse se traduire en gain, surtout en maturité et en croissance personnelle.

Se demander quelles nouvelles ressources la situation de perte a suscitées en soi. La réponse qui montera en soi sera suivie de deux autres questions: «Qu'est-ce que je veux faire de ma vie? Avec quelles personnes est-ce que je veux réaliser mon rêve de vie?»

La dixième rencontre du présent document contient des questions qui pourront être d'une grande utilité pour la personne en recherche de sens dans sa vie. À cet effet, je recommande la lecture du livre de Victor Frankl, *Découvrir un sens à sa vie* (Montréal, Éditions de l'Homme, 1988).

5– Se pardonner et pardonner à l'autre

Au cours de cette étape, on s'engage dans un rituel de pardon afin d'éliminer de soi les résidus de colère, de rancœur, d'animosité et de culpabilité. En accordant le pardon à la personne dont on s'est séparé, on nettoie tout ce qui reste de colère intérieure; en se pardonnant et demandant pardon pour sa responsabilité dans l'échec de la relation, on élimine les restes du sentiment de culpabilité afin de retrouver la paix du cœur. Le livre *Comment pardonner?* de Jean Monbourquette (Novalis, 1992) pourra être d'une grande utilité pour réaliser le travail de cette étape.

6– Faire son héritage

L'héritage, c'est l'ultime étape du deuil d'une relation. Un deuil n'est pas terminé si l'on ne se préoccupe pas de tirer tous les fruits produits au cours de l'attachement vécu dans la relation.

Dans le mouvement de l'attachement, on a beaucoup investi dans la personne aimée sous forme d'attentes (projection de qualités que l'on désire sur la personnalité de l'autre). Pour ne pas sortir de la séparation avec le sentiment d'avoir été «floué» ou trompé, on peut reprendre, grâce au rituel de l'héritage, tout l'investissement de ses projections, de son énergie, de son amour, de ses attentes, que l'on a déposés dans l'autre. (Voir la douzième rencontre sur l'héritage, p. 86-87.)

7– Déclaration publique de la fin du deuil

À la fin du rituel de l'héritage, il est de la plus haute importance que, avec les participants, l'animateur déclare à l'héritier qu'il a terminé son deuil.

Troisième partie

Douze rencontres d'un groupe d'entraide
pour les personnes séparées/divorcées

Première rencontre:
Se présenter et présenter ses objectifs

Deuxième rencontre:
Raconter l'histoire de sa séparation

Troisième rencontre:
Développer l'espoir de résoudre
le deuil de sa séparation

Quatrième rencontre:
Se permettre de vivre ses émotions

Cinquième rencontre:
Soigner sa colère et sa culpabilité

Sixième rencontre:
Apprendre à s'aider, surtout dans la solitude

Septième rencontre:
Soigner les relations avec ses enfants

Huitième rencontre:
   Clarifier ses relations avec les beaux-parents, les amis communs, les couples amis, etc.

Neuvième rencontre:
   Laisser partir les derniers espoirs;
   affronter la réalité et les nouvelles tâches

Dixième rencontre:
   Découvrir un sens à sa perte

Onzième rencontre:
   Se pardonner à soi-même et pardonner à l'autre

Douzième rencontre:
   Récupérer son héritage

Note: L'ensemble des douze rencontres demeure un instrument d'animation. Il est rare qu'au cours d'une session de douze rencontres l'animateur puisse couvrir le contenu des rencontres proposées. L'important, c'est de suivre le rythme de croisière du groupe sans vouloir le précipiter.

1ʳᵉ rencontre

Se présenter et présenter ses objectifs

Accueil

Accueillir chaleureusement les participants.

Informations

Donner les informations d'usage: stationnement, toilettes, vestiaire, numéro de téléphone du local, etc.

Présentation des animateurs

Au début de la rencontre, les animateurs souhaitent la bienvenue et se présentent.

Ils reconnaissent le courage des participants et les félicitent d'avoir surmonté leur peur et leur résistance intérieure à venir partager leur souffrance. Par ce geste, ils assurent les participants qu'ils respectent leur souffrance.

Brève présentation des participants

La présentation doit être simple et ne pas comporter beaucoup d'éléments: le nom, le genre de travail, comment ils ont appris l'existence du groupe.

On pourrait aussi proposer une présentation croisée: en dyade, chaque personne se présente à l'autre. Puis, à tour de rôle, les personnes présentent le partenaire de leur dyade.

Lors de ce premier tour de table, éviter si possible que les participants commencent à parler en profondeur de leur situation de séparation, afin de ne pas créer trop rapidement un climat émotionnel.

Les animateurs peuvent aussi avoir recours à un brise-glace pour débuter: faire un dessin qui les représente (exemple: les participants dessinent un bateau avec des personnages et disent où ils se situent sur le bateau) ou encore à l'aide d'un jeu de photos, demander de choisir une image à partir de laquelle ils se présenteront.

Présentation des règles du groupe

S'assurer que chacun est prêt à se conformer à chacune des règles énoncées (voir les règles du groupe d'entraide, p. 18-19).

Thème de la rencontre

Objectifs

Faire un tour de table où chacun dit depuis combien de temps il s'est séparé, quelle est sa situation actuelle (personne seule ou en couple, avec ou sans les enfants).

Questions

Depuis quand êtes-vous séparé?

Quelle est votre situation familiale actuelle?

Faire un deuxième tour de table pour révéler les objectifs que chacun voudrait atteindre à la fin des rencontres du groupe.

Question

Quels objectifs voulez-vous avoir atteints à la fin des rencontres?

Déjà en ayant en tête des objectifs assez précis, l'inconscient se prépare à les réaliser. Les animateurs prennent note de l'objet du deuil et des objectifs poursuivis par chacun des participants.

Il est important de donner à chacun le temps de s'exprimer. Par contre, il faudrait éviter que l'on raconte son histoire trop longuement (ce qui sera la tâche de la deuxième rencontre). Pour la première rencontre, il n'est pas opportun d'explorer trop vite le vécu émotionnel des participants. En effet, exprimer trop d'émotions dès le début pourrait faire peur à des participants dont la confiance dans le groupe n'est pas encore établie.

Pause-santé

Clôture de la rencontre

Faire une évaluation rapide de la rencontre. Voir ce que l'on pourrait améliorer.

Faire circuler une feuille pour recueillir les nom, adresse et numéro de téléphone des participants. On pourra remettre une copie de cette liste aux participants. Avant de le faire, cependant, s'assurer que chacun est d'accord pour laisser son nom sur la liste.

Rappeler aux participants qui le voudraient de se procurer un journal de bord.

Prière ou chaîne d'énergie

Vous voulez savoir si les objectifs de la rencontre ont été atteints?

Répondez à ces quelques questions, seul ou avec votre superviseur:

- Comment, en tant qu'animateur ou animatrice, avez-vous vécu la rencontre?

- Votre rapport avec les participants a-t-il été bien établi?

- Les personnes sont-elles parties rassurées et confiantes dans le groupe?

- Tous les participants ont-ils eu le temps de s'exprimer?

- Avez-vous détecté des cas lourds qu'il faudrait référer à des professionnels?

Textes d'appui tirés de *Grandir: Aimer, perdre et grandir* (Édition revue et augmentée, 1994)

«Perdre», p. 14; «Transformer ses pertes en gains», p. 15-17; «Tu fais partie de la communauté des souffrants», p. 76; «Quand j'ai cessé d'être un couple», p. 74 ; «Je fais plus le deuil de mes rêves que de toi», p. 116.

Raconter l'histoire de sa séparation

Bienvenue

Présentation

Les nouveaux venus se présentent en disant leur nom et comment ils ont appris l'existence du groupe. Les participants de la première rencontre eux aussi se présentent aux nouveaux. Il est utile d'avoir des petits cartons sur la table indiquant le nom des participants. Les animateurs distribuent la liste des noms qu'ils ont imprimée et font ajouter le nom des nouveaux venus.

Les animateurs expliquent aux nouveaux les règles du groupe et demandent leur acquiescement à ces règles.

Dans un premier tour de table, les nouveaux disent aux anciens depuis quand ils sont séparés, leur situation familiale; puis, dans un second tour de table, ils donnent les objectifs qu'ils voudraient avoir atteints à la fin des rencontres. Les anciens font une brève présentation d'eux-mêmes: leur nom, la durée de leur séparation et leurs objectifs.

Thème de la rencontre

Objectifs

Donner à chacun la chance de dire son histoire et de revivre les émotions de la séparation, dans un climat de confiance.

Il s'agit donc de poursuivre la narration de l'histoire de leur séparation, mais cette fois-ci en détail. On pourra s'inspirer des questions suivantes:

Qui a pris l'initiative de la séparation?

Si c'est vous qui avez pris l'initiative, depuis quand prépariez-vous votre séparation?

Comment l'avez-vous annoncée et dans quelles circonstances?

Si c'est votre conjoint qui a pris l'initiative, comment avez-vous appris la nouvelle de la séparation et dans quelles circonstances?

Qu'est-ce que vous avez vécu à ce moment-là?

Si vous percevez que la personne a dépassé l'étape de la phase émotive, vous pourriez l'aider à faire le bilan de sa perte: la brisure de ses rêves et de ses projets, les pertes financières, la difficulté d'élever les enfants seuls, etc.

Si vous aviez à faire le bilan de votre perte,
comment pourriez-vous le décrire?

Si la personne s'exprime facilement, ne pas l'interrompre. Si elle verse des larmes, l'assurer que c'est le lieu pour le faire. La boîte de mouchoirs bien en vue donne à tous la permission de pleurer.

Si la personne est tellement prise par ses émotions qu'elle ne peut parler, lui dire gentiment de prendre son temps et de respirer dans sa douleur. Si son voisin veut lui tenir la main dans les moments pénibles, c'est un geste tout indiqué pour la situation. Attention aux gestes trop envahissants ou trop consolateurs comme donner des petites tapes dans le dos.

Il arrive souvent, lors de cette narration, que l'on puisse comprendre qui de la famille ou de l'entourage a pu avoir des interventions malheureuses qui auraient contribué à bloquer l'expression des émotions. Exemples, des paroles qui empêcheraient de vivre ses émotions: «Ne pleure pas, ça va se passer.»

Si des participants n'ont pas pu raconter leur histoire durant la rencontre, leur promettre qu'ils seraient les premiers à s'exprimer à la prochaine rencontre.

Pause-santé

Clôture de la rencontre

Faire circuler la liste des noms et demander à ceux et celles qui acceptent de recevoir des appels téléphoniques des autres membres de bien vouloir l'indiquer par une astérisque auprès de leur nom. Une fois la feuille revenue, la faire passer à nouveau pour que tous les participants sachent qui veut recevoir des appels et qui n'en veut pas. Il serait bon d'ajouter de limiter les appels à vingt minutes. Il arrive souvent, dans un tel groupe, que les participants forment des liens et qu'il se développe une grande entraide en dehors des rencontres.

Demander de commencer à écrire les faits importants de leur histoire dans leur journal de bord ainsi
que leurs réflexions, découvertes et émotions.

Prière ou chaîne d'énergie

**Vous voulez savoir si les objectifs de la rencontre
ont été atteints?**

Répondez à ces quelques questions, seul ou avec
votre superviseur:

– Comment, en tant qu'animateur ou animatrice, avez-vous vécu la rencontre?

– Avez-vous pu suivre le plan de la rencontre
ou avez-vous dû tenir compte de la longueur
des récits des participants?

– Est-ce que chacun a pu s'exprimer, même si
tous n'ont pu raconter leur histoire?

– Comment décririez-vous le climat de confiance dans le groupe?

**Textes d'appui tirés de *Grandir: Aimer, perdre et
grandir* (Édition revue et augmentée, 1994)**

«Cesse de tourmenter ton cœur», p. 23; «Quitter
ou être quitté», p. 20; «Et la personne quittée,
elle?», p. 21; «Les ambivalences de ma situation de
deuil», p. 30; «Je crains les jours de fête», p. 37;
«Je m'étais cru inaccessible», p. 77.

3e rencontre

Développer l'espoir de résoudre le deuil de sa séparation

Bienvenue

Centration

Retour sur la semaine

Ceux qui veulent parler de l'évolution de leur deuil ou de faits importants de la semaine qu'ils viennent de vivre peuvent le faire.

N. B.: Permettre d'abord à ceux et celles qui ne se sont pas exprimés à la dernière rencontre par manque de temps, de raconter en détail l'histoire de leur séparation.

Thème de la rencontre

Objectifs

Aider les participants et participantes à prendre un recul de leur deuil et à développer **l'espoir de guérir**.

Présentation du credo qui offre des orientations pour guérir la blessure. Insister sur le fait que le deuil dans une séparation n'est pas une maladie, mais une blessure affective temporaire qu'il est possible de guérir. (On peut remettre aux participants une copie du texte du credo, p. 20-21.)

Questions

> *Comment réagissez-vous devant les affirmations du credo?*
>
> *Qu'est-ce qui vous frappe le plus?*
>
> *Y a-t-il des affirmations qui vous surprennent?*
>
> *Qu'est-ce que vous faites actuellement pour vous aider?*
>
> S'il reste du temps, donner une idée des étapes du deuil dans la séparation.

Pause-santé

Clôture de la rencontre

> Donner les nouvelles concernant le groupe.
>
> Fournir une bibliographie de quelques livres pratiques.
>
> Rappeler de noter dans son journal les événements significatifs, les pensées et les émotions, ainsi que les citations qui peuvent réconforter.
>
> Prière ou chaîne d'énergie

Vous voulez savoir si les objectifs de la rencontre ont été atteints?

> Répondez à ces quelques questions, seul ou avec votre superviseur:
>
> – Comment avez-vous vécu la rencontre, surtout au niveau de votre type d'animation?
>
> – D'après vous, les membres du groupe ont-ils fini de se raconter?

- Certains ont-ils tendance à prendre trop de place dans le groupe?
- D'autres sont-ils trop silencieux?

Textes d'appui tirés de Grandir: Aimer, perdre et grandir (Édition revue et augmentée, 1994)

«Combien de temps dure un deuil?», p. 40-41; «La présence pénible», p. 29; «Les étapes de résolution d'un deuil», p. 42; «La gravité d'un deuil», p. 43; «Sois patient avec toi-même pour bien guérir», p. 67; «Laisse-toi vivre le moment de vide éprouvé dans le deuil», p. 68.

4ᵉ rencontre

Se permettre de vivre ses émotions

Bienvenue

Centration

Lecture du credo

Retour sur la semaine

>Inviter les personnes à raconter un événement touchant à leur séparation ou à leur divorce. Demander si l'un ou l'autre serait intéressé à lire un extrait de son journal de bord.

Thème de la rencontre

Objectifs

>Prendre conscience de ses résistances et se permettre d'exprimer la tristesse et les autres sentiments et émotions.

>Rappeler aux participants qu'à mesure qu'ils avancent dans leur guérison il peut arriver qu'ils se sentent plus mal dans leur peau qu'au début de leur séparation. Les rassurer en leur disant que c'est un **signe de croissance**. Ce qu'ils croient être un recul est en fait une étape où ils «dégèlent» pour revivre. Dire un mot sur les résistances, le choc et le déni.

Ajouter que ce n'est pas le temps de quitter le groupe, mais bien d'avancer à son rythme sans se comparer.

Les résistances à entrer dans son deuil ont comme fonction de se donner du temps pour digérer la perte et pour se bâtir des ressources intérieures de manière à faire face à la globalité de la séparation. Quand les résistances commencent à céder après quelques semaines, on ressent alors davantage de tristesse et d'autres émotions ou sentiments qu'on aurait refoulés pour se protéger. Il est donc presque normal de se sentir plus mal quelques semaines après la séparation qu'au moment de l'événement.

Souvent, le choc de la nouvelle de la perte provoque un état de léthargie ou d'agitation (hyper-activité), avec des moments où l'on croit voir, entendre ou même être touché par la personne qui n'est plus à ses côtés.

Le déni se manifeste souvent par l'envie d'oublier ce qui est arrivé ou encore par une impossibilité de ressentir des émotions. Les personnes en situation de déni s'expriment ainsi:

«C'est comme un cauchemar. J'ai hâte de pouvoir me réveiller.»

«Je ne peux pas y croire encore.»

«Je sais que c'est arrivé, mais c'est comme si je ne le réalisais pas encore.»

«C'est comme si j'avais reçu un coup de massue et que j'attends que la douleur arrive.»

«Je ne veux pas que l'on en parle à la maison.»

«Je voudrais pleurer, mais j'en suis incapable.»

La tristesse peut se manifester par différents signes: état de fatigue chronique, manque de concentration, ne pas avoir le goût de travailler, se sentir désintéressé, ne pas avoir d'appétit, avoir des problèmes de sommeil, pleurer facilement à l'occasion de scènes tristes, etc.

Les questions suivantes pourront avoir plus de signification pour les personnes qui ont été quittées par le conjoint.

Avez-vous l'impression de vivre dans une sorte de cauchemar?

Vous permettez-vous de pleurer? Si oui, quand et avec qui?

Vous permettez-vous de devenir «petit» ou «petite» et de laisser aller vos émotions?

Ressentez-vous, comme personne que l'on a quittée, des sentiments d'abandon et même de rejet qui seraient provoqués par le départ de votre conjoint?

Avez-vous des pensées négatives envers vous comme «Je ne suis pas aimable», «Je ne pourrai jamais faire confiance et aimer de nouveau»?

Que pensez-vous de l'idée que si quelqu'un nous rejette il est important de ne pas nous rejeter nous-mêmes pour ne pas vivre ce rejet?

Aider les participants à comprendre que l'expression des émotions, si pénible soit-elle, faite dans un climat de confiance, sert à sortir rapidement de la douleur de la séparation. Rappeler que si l'on tarde trop à le faire, la maladie peut s'installer sous forme de migraines, de maux de dos ou autres malaises psychosomatiques.

Pause-santé

Clôture de la rencontre

Si le groupe est assez uni, demander si quelqu'un a besoin d'une aide spéciale, comme des moments de garde des enfants, des tâches domestiques, etc.

Proposer aux participants une tâche personnelle: faire une marche dans la nature et, si possible, laisser monter ses souvenirs et rester en contact avec son corps.

Prière ou chaîne d'énergie

Vous voulez savoir si les objectifs de la rencontre ont été atteints?

Répondez à ces quelques questions, seul ou avec votre superviseur:

– Comment avez-vous vécu la rencontre, spécialement au niveau de la détente personnelle dans votre rôle d'animateur ou de coanimateur?

– Comment évaluez-vous votre temps de parole, comme animateur, en comparaison avec le temps d'échange des participants?

– Êtes-vous attentif à votre comportement afin qu'il ne favorise pas la passivité des membres? Vous prennent-ils pour un «enseignant» ou pour un «expert»?

Textes d'appui tirés de *Grandir: Aimer, perdre et grandir* (Édition revue et augmentée, 1994)

«Première étape: Le choc», p. 45; «Deuxième étape: Le déni», p. 46-49; «Le cœur qui refuse de souffrir», p. 50; «Troisième étape: L'expression des sentiments», p. 52-53; «La grande "braille" ou la pleine conscience de la perte», p. 56; «La ronde folle des sentiments», p. 57; «Le ballet des sentiments», p. 125; «Laisse-toi vivre ce que tu as à vivre», p. 124; «La tristesse commandée», p. 130.

5ᵉ rencontre

Soigner sa colère et sa culpabilité

Bienvenue

Centration

Lecture du credo

Retour sur la semaine

> Inviter les personnes à raconter un événement touchant leur deuil. Proposer à ceux qui le désirent de lire un extrait de leur journal de bord.

Thème de la rencontre

Objectifs

> Le premier objectif de la rencontre est d'aider les participants et participantes à entrer en contact avec leur colère ou ce qui en reste. Ils pourront ainsi éliminer les réactions punitives et autopunitives.

> Le second objectif sera de distinguer entre la culpabilité maladive et la culpabilité saine où l'on prend sur soi seulement la responsabilité de ses actions.

La colère

> Tout d'abord, il est nécessaire de permettre aux participants de prendre conscience de leur colère à la suite de la séparation, de leur donner le droit

de la ressentir et de l'accepter comme un sentiment normal causé par une blessure affective. La colère est un sentiment utile pour se défendre contre toute agression et se protéger de toute attaque contre son intégrité. Que l'on ait été quitté ou que l'on ait dû quitter son conjoint, il y a une blessure, souvent accompagnée de frustration et de déception qui se changent en colère et même en envie de se venger.

Rappelons que le fait de ressentir la colère ne veut pas dire nécessairement passer à l'acte et se venger.

Questions

À la suite de votre séparation, avez-vous eu envie de vous venger?

Qu'est-ce que vous faites avec vos sentiments de frustration, de déception et de colère?

Avez-vous tendance à blâmer l'autre ou à vous blâmer?

Comment pourriez-vous utiliser votre colère d'une manière constructive?

La culpabilité

Il faudrait aider les participants à distinguer entre deux formes de culpabilité: la prise de conscience de leurs torts, de leurs défauts et de leurs faiblesses dans la relation de couple et le sentiment de culpabilité qui découle de la responsabilité de leurs actions moins réussies. Il se peut en effet qu'un des conjoints ne se sente pas coupable de la brisure de la relation, tout en ayant une part de responsabilité dans cette brisure.

Une fois sa responsabilité admise et assumée, il est important de ne pas prendre sur soi toute la responsabilité de la rupture, car le conjoint a eu sa part dans l'échec, de même que l'entourage, la société et même l'Église qui n'ont pas offert toute l'aide possible.

Questions

Vous arrive-t-il de vous accabler souvent d'accusations du type «j'aurais bien dû»?

Prenez-vous plus que votre part dans la responsabilité de l'échec de votre couple?

Avez-vous tendance à retourner votre colère contre vous quand vous êtes malheureux?

Clôture de la rencontre

Dans son journal, commencer à écrire à la personne dont on s'est séparé pour lui exprimer ce qui ne s'est pas dit lors de la séparation. Si on le veut, pour écrire sa lettre, on peut se mettre devant la photo de la personne séparée et allumer une chandelle. Il est important d'écrire, sans raisonner, les émotions et les sentiments qui montent, que ce soit de la frustration, de la colère, des aveux de culpabilité, des sentiments d'amour ou de gratitude. S'appliquer à discerner «mes torts» de «tes torts».

Prière ou chaîne d'énergie

Vous voulez savoir si l'objectif de la rencontre a été atteint?

Répondez à ces quelques questions, seul ou avec votre superviseur:

- Les participants ont-ils compris l'importance de la colère comme une énergie positive dans leur vie?

- Les participants ont-ils compris les différentes sortes de culpabilité?

- S'il y a eu expression de colère dans le groupe, avez-vous été capable de l'accueillir? Si non, quels moyens pourriez-vous vous donner pour évoluer, vous-même, à l'égard de votre propre colère intérieure?

- Chaque membre a-t-il eu l'occasion de s'exprimer? Comment pourriez-vous aider les «silencieux» à parler, sans les forcer?

- Avez-vous des problèmes spécifiques d'animation pour lesquels vous auriez besoin de l'aide d'un superviseur?

Textes d'appui tirés de *Grandir: Aimer, perdre et grandir* (Édition revue et augmentée, 1994)

«La dépression, suivie de sa compagne, la colère», p. 54; «La colère», p. 55; «L'harmonie intérieure est brisée», p. 81; «Il est permis de se fâcher», p. 111; «De l'isolement à la solitude», p. 144-145; «Je suis fier de moi», p. 153.

6ᵉ rencontre

Apprendre à s'aider, surtout dans la solitude

Bienvenue

Centration

Lecture du credo

Retour sur la semaine

Thème de la rencontre

Objectifs

Trouver des moyens de prendre soin de soi pendant que l'on progresse dans la résolution de son deuil. Faire le deuil d'une relation demande beaucoup d'énergie et pendant une certaine période, la personne en travail de deuil souffre d'un stress sérieux.

Voici un certain nombre de moyens que l'on peut utiliser pour s'aider à mieux vivre son deuil:

(Si possible, reproduire cette liste et la lire avec les participants.)

– Bien s'alimenter et prendre le plus de sommeil possible.

– Régler les problèmes d'insomnie: éviter les aliments stimulants, préparer son sommeil, temps de calme, musique douce, boisson chaude, tisanes calmantes.

- Éviter les émissions de télé trop excitantes.

- Prendre des vacances temporaires pour oublier son deuil; se donner des loisirs et des moments de détente pour être plus en forme.

- Suivre le plus possible sa routine quotidienne coupée de moments de détente.

- Se faire plaisir: se cuisiner un plat à son goût, s'aménager un coin à soi, s'acheter des fleurs, lire des bandes dessinées, etc.

- Profiter de moments où les émotions sont à fleur de peau pour les laisser sortir, par exemple lors du visionnement d'un film ou d'une émission de télé, d'une lecture, etc.

- S'isoler pour mieux «digérer son deuil», comme prendre une marche en pleine nature.

- Trouver une «grande oreille» pour se dire et être écouté.

- Se rappeler que le pire de son deuil va passer et que peu à peu une vie nouvelle surgira.

- Éviter de prendre de grandes décisions; fuir les personnes qui mangent son énergie; éviter les situations dangereuses comme les sports violents ou la vitesse en voiture.

- Toujours préférer un moment de détente, un bon loisir, la main de quelqu'un, un massage, aux tranquillisants ou à l'alcool.

- S'entourer de personnes ou d'êtres vivants: plantes, animaux, etc.

- Apprendre à défaire les voix intérieures «culpabilisantes» en les chantant et en les dansant.

- Se faire des litanies de l'amour: maman m'aime, Paul m'aime, mon chien m'aime, le soleil m'aime, la nature m'aime, mes amis m'aiment, etc. (voir «Les litanies de l'amour», dans *Grandir*, p. 84).

- Savoir que l'on ne peut pas oublier l'être déjà aimé, même si avec la guérison on apprend peu à peu à ne plus penser à lui, à elle.

- S'encourager avec tous les progrès que l'on fait.

- Ne pas s'inquiéter de retours soudains de la tristesse, c'est un recul temporaire pour un nouvel élan vers la santé.

- Prendre son temps pour guérir; éviter les fuites dans un faux bien-être ou dans les passions amoureuses sans lendemain.

- Éviter les états de fatigue excessive.

- Retrouver ses ressources spirituelles: les prières de sa jeunesse, les lieux de méditation, etc.

- Évoluer dans sa perception de Dieu; passer du dieu vengeur au Dieu de Jésus Christ, compagnon de sa souffrance.

- Renouveler sa vision spirituelle ou religieuse pour pouvoir habiter son intériorité de personnes aimantes.

- Prévoir des activités pour les jours pénibles, comme les fins de semaine.

Questions

Donner aux participants du temps pour relire la liste.

Quels sont les moyens que vous pourriez commencer à pratiquer dès cette semaine?

Qu'est-ce qui vous empêcherait de les utiliser?

Avez-vous d'autres suggestions à faire au groupe?

Pause-santé

Clôture de la rencontre

Demander aux participants d'écrire immédiatement quelques moyens réalisables qui leur conviennent. Leur proposer également de s'engager vis-à-vis d'un autre participant à faire un rapport de leurs succès au cours de la semaine.

Prière ou chaîne d'énergie

Vous voulez savoir si l'objectif de la rencontre a été atteint?

Répondez à ces quelques questions, seul ou avec votre superviseur:

— Comment évaluez-vous le climat de confiance dans le groupe?

— Comment les participants ont-ils réagi à la liste de moyens pour les aider à vivre leur deuil?

— Est-ce que chaque membre s'est engagé à choisir une action précise et vérifiable pour son mieux-être dans la vie quotidienne?

Textes d'appui tirés de *Grandir: Aimer, perdre et grandir* (Édition revue et augmentée, 1994)

«Tu es encore plein de ressources intérieures», p. 78; «Renoue le dialogue avec l'enfant blessé en toi», p. 82-83; «Bien t'alimenter», p. 87; «Le danger de vouloir s'engourdir», p. 88; «Sois fidèle à une routine domestique», p. 91; «Cultive les forces de vie autour de toi», p. 97.

7ᵉ rencontre

Soigner les relations avec ses enfants

Bienvenue

Centration

Lecture du credo

Retour sur la semaine

> Demander à l'un ou l'autre comment ils ont mis en pratique les moyens de s'aider.

Thème de la rencontre

Objectifs

> Aider les parents à maintenir la communication avec leurs enfants et à accompagner leurs enfants dans la situation du divorce.

> Voici quelques dangers à éviter:

- Prendre l'enfant comme un consolateur, un confident ou un substitut du conjoint.
- Utiliser l'enfant pour régler vos problèmes avec le conjoint.
- Vous servir de l'enfant pour savoir ce que fait le conjoint.
- Vouloir que l'enfant prenne position pour l'un ou l'autre parent.

Ne pas oublier de rappeler à l'enfant que malgré la séparation il reste votre enfant, que vous continuez à l'aimer et à prendre soin de lui.

Assurer l'enfant qu'il n'a eu aucune responsabilité dans la séparation dont la décision appartient aux parents uniquement.

Se rappeler que c'est moins la séparation qui traumatise l'enfant que la façon dont elle est vécue par le couple. L'enfant, lui, prendra du temps avant de se rendre à l'évidence de la séparation. Aussi, on peut s'attendre à ce qu'il fasse des efforts pour rapprocher ses parents.

Questions

Vous reconnaissez-vous dans les situations que l'on vient d'énumérer?

Après avoir laissé tomber votre rôle de conjoint, dans quelle mesure pouvez-vous continuer à jouer votre rôle de parent à l'égard de l'enfant?

Comment pouvez-vous dialoguer avec l'autre parent sur les difficultés qui se présentent dans l'éducation des enfants?

De quelle aide votre enfant peut-il disposer pour bien s'en sortir à la suite de séparation?

(Ici, donner de l'information sur les rencontres pour les jeunes en situation de perte. Voir le manuel *Grandir ensemble dans l'épreuve*. Détails en bibliographie.)

Pause-santé

Clôture de la rencontre

Nouvelles de la semaine.

Informations sur d'autres ressources concernant le deuil: livres, conférences et ateliers.

Inviter les participants et participantes à être fidèles à leur journal de bord et à y noter les personnes «ressourçantes».

Prière ou chaîne d'énergie

Vous voulez savoir si l'objectif de la rencontre a été atteint?

Répondez à ces quelques questions, seul ou avec votre superviseur:

– Comment évaluez-vous votre animation ou votre coanimation dans le groupe?

– Comment évaluez-vous la participation de chacun dans la rencontre?

– Comment décrire le climat du groupe au cours de la discussion sur les enfants?

Textes d'appui

Voir Annexe I: Attitudes et comportements propres à aider les enfants à mieux vivre la séparation des parents. En faire une photocopie pour ceux qui le désirent.

8ᵉ rencontre

Clarifier ses relations avec les beaux-parents, les amis communs, les couples amis, etc.

Bienvenue

Centration

Lecture du credo

Retour sur la semaine

Faire parler des moyens qu'on a adoptés pour s'aider à survivre à la séparation ou au divorce.

Thème de la rencontre

● *Objectif*

Prendre conscience des personnes qui peuvent aider dans l'évolution du deuil et de celles qui lui nuisent.

La situation de séparation est une situation stressante; ce qui implique souvent que les relations humaines pendant et après la séparation peuvent devenir plus tendues.

Exemples

- Dans votre famille, on ne parle pas de la séparation afin de ne pas faire de peine aux autres. Le silence devient pesant et lourd pour tous.

- Vous vous attendiez à plus de réconfort de la part des membres de votre famille, mais ils n'en donnent pas.

- Les parents de votre ex-conjoint ne vous parlent plus, car s'ils le faisaient, ils auraient l'impression de trahir leur enfant.

- Certains laissent entendre que si vous aviez été plus «gentil», «plus conciliant», vous seriez encore marié. Parfois les enfants, et en particulier les adolescents, peuvent être cruels dans un moment de colère en accusant un parent d'avoir été la cause du départ de l'autre.

- Les couples amis ont peur de vous recevoir, car vous pourriez briser leur propre mariage.

- Vous subissez les avances d'amis ou d'amies qui voudraient avoir une aventure avec vous.

Questions

Vous reconnaissez-vous dans les situations présentées?

Vivez-vous des tensions avec vos proches?

Comment solutionner ces relations tendues?

Quelles ont été les personnes réconfortantes dans votre situation de perte affective?

Comment peut-on aimer à nouveau sans tomber amoureux?

Comment vivre sa sexualité?

Pause-santé

Clôture de la rencontre

Nouvelles de la semaine et ressources possibles.

Demander d'être fidèle à son journal de bord. Y noter les personnes «ressourçantes».

Prière ou chaîne d'énergie

Vous voulez savoir si l'objectif de la rencontre a été atteint?

Répondez à ces quelques questions, seul ou avec votre superviseur:

–   Comment les membres ont-ils réagi à vos questions? Se sont-ils reconnus dans les problématiques soulevées?

–   Les membres ont-ils pu identifier les personnes aidantes et les personnes «toxiques»?

–   Ont-ils présenté des moyens de faire le ménage dans certaines relations?

Textes d'appui tirés de *Grandir: Aimer, perdre et grandir* (Édition revue et augmentée, 1994)

«Revois ton bilan d'énergie», p. 90; «Ne te gêne pas pour demander de l'aide», p. 93; «L'ami oublié», p. 94; «Non, je ne veux pas passer l'automne seul», p. 96; «J'ai mal du bonheur des autres», p. 101; «Te venger, une solution?», p. 102.

9ᵉ rencontre

Laisser partir les derniers espoirs; affronter la nouvelle réalité et les nouvelles tâches

Bienvenue

Centration

Lecture du credo

Retour sur la semaine

Thème de la rencontre

Objectif

Revoir les choses non finies pour s'aider à avancer dans son deuil de la séparation.

Qu'est-ce qui se passe quand vous revoyez votre conjoint?

Êtes-vous capables de vous parler sans tomber dans la dispute?

Est-ce que les procédures de la séparation ou du divorce sont avancées? Séparation des biens, garde des enfants, etc.

Avez-vous tendance à le surveiller pour connaître ses nouvelles relations?

Si vous lui confiez encore des tâches (exemple: comptabilité, travaux autour de la maison, etc.), comment vivez-vous cette situation?

Est-ce qu'une partie de vous l'aime encore, alors que l'autre partie est encore blessée et fâchée?

Croyez-vous que vous avez des choses à finir avec votre ex-conjoint? Si oui, quelles sont-elles?

Avez-vous des choses à apprendre pour devenir plus autonome?

Pause-santé

Clôture de la rencontre

Nouvelles et ressources.

Inviter les participants et participantes à continuer leur journal, à y noter ce qu'il leur reste à faire pour solutionner les choses pendantes à la séparation.

Les inviter à fréquenter les personnes qui ressourcent.

Prière ou chaîne d'énergie

Vous voulez savoir si l'objectif de la rencontre a été atteint?

Répondez à ces questions, seul ou avec votre superviseur:

–   Le climat d'ouverture du groupe se maintient-il?

–   Comment s'est déroulée la rencontre?

–   Percevez-vous de la collaboration entre les membres du groupe?

– Les membres ont-ils pu identifier les tâches non accomplies?

Textes d'appui tirés de *Grandir: Aimer, perdre et grandir* (Édition revue et augmentée, 1994)

«Quatrième étape: Les tâches non terminées», p. 58; «Laisser s'envoler le dernier espoir», p. 112-113; «Que faire avec tes souvenirs?», p. 121; «Marché aux puces», p. 122.

10ᵉ rencontre

Découvrir un sens à sa perte

Bienvenue

Centration

Lecture du credo

Retour sur la semaine

Thème de la rencontre

Objectif

Aider les participants et participantes à se poser la question du sens que va prendre leur perte dans leur vie. Ne pas s'étonner si les participants qui sont encore trop pris par leur émotivité ne peuvent répondre aux questions sur le sens, car il leur faudra une certaine distance à l'égard de leur émotivité pour être capables de trouver le sens de leur perte.

Poser la question du sens même si la réponse ne vient pas immédiatement, elle fera son chemin d'une manière inconsciente et peu à peu elle germera en réponses.

Plusieurs personnes, à la suite d'un grand malheur, ont découvert en elles des ressources inconnues: meilleure connaissance d'elles-mêmes, plus grande confiance en elles et dans les autres, plus grande compassion devant la souffrance des autres, décou-

79

verte de nouvelles orientations dans leur travail et même d'une nouvelle mission dans leur vie.

Pour aider les participants à trouver le sens de leur perte, il faut poser la même question de diverses manières.

Questions

> *Quelles nouvelles ressources avez-vous trouvées en vous depuis la séparation?*

> *Quel sens votre perte prendra-t-elle dans votre vie?*

> *Quels changements prévoyez-vous dans la connaissance de vous-même et dans l'orientation de votre vie?*

> *Vos valeurs ont-elles changé?*

> *À quoi avez-vous été initiés? Quelles nouvelles connaissances vous apporte l'événement malheureux?*

Pause-santé

Clôture de la rencontre

> Leur rappeler qu'il ne reste que deux rencontres avant la fin des rencontres.

> Chaque participant commence à trouver le sens de sa perte et l'écrit dans son journal.

> Prière ou chaîne d'énergie

Vous voulez savoir si l'objectif de la rencontre a été atteint?

> Répondez à ces questions, seul ou avec votre superviseur:

> – D'après vous, les questions sur le «sens de la perte» ont-elles été bien comprises?

- Certains membres du groupe commencent-ils à découvrir un sens à leur perte?

- Avez-vous noté des résistances de participants ou de participantes à ces questions sur le sens? D'après vous, sont-ils prêts à faire cette démarche?

Textes d'appui tirés de *Grandir: Aimer, perdre et grandir* (Édition revue et augmentée, 1994)

«Cinquième étape: La découverte du sens de la perte», p. 59-60; «Témoignages de personnes qui ont découvert un sens à leur drame», p. 61; «La souffrance t'a rendu plus vivant», p. 128; «Parce que j'ai aimé, je ne suis plus le même», p. 139; «Grandir», p. 138; «Riche d'un trésor inconnu», p. 140 ; «L'échec n'existe pas dans la vie», p. 148.

11e rencontre

Se pardonner à soi-même et pardonner à l'autre

Bienvenue

Centration

Lecture du credo

Retour sur la semaine

Thème de la rencontre

Objectifs

> Permettre aux participants de se pardonner et d'accorder leur pardon au conjoint. Ainsi, en s'accordant le pardon on diminue sa culpabilité et en accordant le pardon, on termine sa colère à l'égard de son «ex». Ces deux premiers pas pourraient même conduire à un échange mutuel de pardons afin d'en finir avec l'animosité suscitée par le divorce.

Se pardonner à soi-même

> Au cours de cette rencontre, donner aux participants une période de silence au cours de laquelle ils pourraient se pardonner à eux-mêmes, après leur avoir posé les questions suivantes:

Avez-vous commencé à vous pardonner votre part de culpabilité dans le divorce?

Quel chemin vous reste-t-il à faire pour vous pardonner?

Un échange suivra ce temps de réflexion.

Pardonner à son ex-conjoint

Après ce premier échange, demander aux participants de s'imaginer en présence de leur «ex» pour lui pardonner ses fautes, tout en leur rappelant que ce n'est pas obligatoire de pardonner immédiatement, car ils doivent se respecter dans cette démarche. Le plus important est de savoir où ils en sont rendus dans leur pardon. Il se peut qu'il y ait trop de tristesse et de colère pour qu'ils puissent pardonner. La seule conscience de leurs sentiments est déjà un progrès.

Il serait important de consulter le livre de Jean Monbourquette *Comment pardonner?* pour apporter des informations sur le pardon.

Questions du deuxième échange

Qu'est-ce qui s'est passé quand vous avez commencé à donner votre pardon?

Quel travail vous reste-t-il à faire pour pouvoir arriver à réussir l'échange de pardons?

Pause-santé

Clôture de la rencontre

Rappeler aux participants que la prochaine rencontre est la dernière et qu'il serait intéressant qu'elle se termine par une fête. Chacun des participants pourrait apporter quelque chose pour un petit goûter.

D'après les rencontres précédentes, l'animateur aura détecté qui pourrait faire son héritage, la condition essentielle étant d'avoir réussi le pardon. Si une ou deux personnes étaient prêtes à récupérer leur héritage, leur demander de trouver des symboles pour chacune des qualités qu'elles veulent s'approprier. Leur faire nommer les qualités avant la fin de la présente session. Voir dans *Grandir* les rencontres sur l'héritage.

Prière ou chaîne d'énergie

Vous voulez savoir si l'objectif de la rencontre a été atteint?

Répondez à ces questions, seul ou avec votre superviseur:

- Avez-vous pu remplir toutes les tâches proposées pour cette rencontre?

- Les membres ont-ils compris la nécessité de pardonner à la personne qui les a quittés pour faire leur héritage?

- Comment ont-ils réagi à la préparation du rituel de l'héritage? Certains ont-ils manifesté de la jalousie envers ceux qui étaient prêts à le vivre?

Textes d'appui tirés de *Grandir: Aimer, perdre et grandir* (Édition revue et augmentée, 1994)

«Sixième étape: L'échange des pardons», p. 62-64; «Me pardonner», p. 154; «Pardonner», p. 155; «Lui pardonner», p. 156.

Préparation de l'héritage

Si personne n'est prêt à récupérer son héritage, demander à chacun d'apporter un objet qui pourrait symboliser la richesse de la personne qu'il a aimée.

Si l'animateur veut ajouter un autre élément à la rencontre de l'héritage, il pourrait faire un rituel de désacralisation qui consiste à remettre à la personne dont on s'est séparé un défaut ou un fardeau dont on a assumé la souffrance. Par exemple, avoir pris le manque de confiance de l'ex-conjoint sur soi ou encore avoir cru que l'on était responsable de son alcoolisme. Demander alors aux participants de trouver les charges ou les responsabilités qui ne leur appartiennent pas et de les écrire sur un papier ou d'en faire un dessin. Au cours de la dernière rencontre, on fera brûler ces papiers.

Il serait important pour les animateurs d'avoir déjà repéré quels participants auraient les aptitudes pour mener un groupe d'entraide. Ils pourraient les inviter en particulier (en dehors du groupe) soit à continuer le présent groupe, soit à en former un nouveau.

12e rencontre

Récupérer son héritage

Bienvenue

Centration

Lecture du credo

Retour sur la semaine

> À la place du retour sur la semaine, faire avec les participants une revue de ce que le groupe leur a apporté.

Thème de la rencontre

Objectif

> Récupérer ce qui nous a fascinés chez la personne que nous avons aimée pour nous l'approprier.

> On peut suivre le rituel tel que décrit dans *Grandir* (p. 162-167). Il est de la plus grande importance que l'animateur, après le rituel de l'héritage, déclare publiquement à celui ou ceux qui ont vécu le rituel de l'héritage que leur **deuil est maintenant terminé.**

> Une autre manière de faire consiste à demander à chacun d'apporter un objet qui représente la valeur de sa relation terminée; au cours de la rencontre, chaque participant explique son symbole et se l'approprie officiellement.

Ce petit rituel engendre habituellement de l'espoir chez les participants qui ne sont pas encore prêts à vivre le rituel de l'héritage.

Si les animateurs désirent faire le rituel de désacralisation ou de remise des responsabilités de «l'ex», ils demandent aux participants de faire brûler les papiers sur lesquels ils ont écrit ou dessiné les choses qu'ils ne veulent plus porter comme étant de leur responsabilité. Ils peuvent, avant de brûler leur papier, dire au groupe ce dont ils se déchargent.

Prière ou chaîne d'énergie

Vous voulez savoir si l'objectif de la rencontre a été atteint?

Répondez à ces questions, seul ou avec votre superviseur:

— Comment s'est déroulé le rituel de l'héritage? Qu'est-ce que vous aimeriez améliorer?

— Comment avez-vous fait vos adieux au groupe?

Textes d'appui tirés de *Grandir: Aimer, perdre et grandir* (Édition revue et augmentée, 1994)

«Septième étape: L'héritage», p. 64-65; «Françoise fait son deuil», p. 162-164; «Déroulement du rituel de l'héritage», p. 165-167; «Mon jardin en terre étrangère», p. 160-161; «Récolte ce que tu as semé», p. 159; «Le moment est propice aux changements», p. 151; «Huitième étape: La célébration de la fin du deuil», p. 66; «Félicitations», p. 172.

Évaluation des rencontres par les participants

Demander aux participants d'écrire dans leur journal ce que le groupe leur a apporté jusqu'ici et comment ils prévoient continuer leur croissance à la suite de la session.

Questions

Comment avez-vous apprécié l'ensemble des rencontres?

Qu'est-ce que vous avez appris sur vous-même et sur les autres?

Aimeriez-vous recommencer l'expérience?

Quels participants du groupe pourraient animer ou co-animer un tel groupe?

Prenez le temps de vous féliciter pour le magnifique travail accompli.

S'il y a un autre groupe qui s'annonce, les animateurs peuvent en faire mention et y inviter ceux et celles qui aimeraient poursuivre une autre session.

Fin du groupe

On termine donc par une petite fête où l'on se remercie mutuellement et où l'on partage un goûter. Certains préfèrent organiser un souper plus tard dans un restaurant. Au moment du départ, il est important que les participants fassent leurs adieux au groupe. On peut terminer par exemple par un rituel au cours duquel chacun des participants dit aux autres ce qu'il a reçu d'eux et leur confie ce qu'il veut leur laisser en cadeau spirituel.

Annexe I:
Attitudes et comportements propres à aider les enfants à mieux vivre la séparation des parents

Ce qu'il faut faire

1– Se rappeler que tout ce que vous faites pour vous aider à bien vivre votre séparation et à résoudre votre deuil aidera l'enfant à faire son propre deuil de la famille.

2– Malgré les difficultés que représentent le temps de la séparation, maintenir avec l'enfant votre lien parental: manifestations continuelles d'affection, discipline habituelle, dialogue, soutien financier, résultats scolaires, etc. Viser plus à une qualité de présence qu'à la quantité.

3– À plusieurs reprises, assurer l'enfant qu'il n'est ni responsable, ni coupable de la séparation de ses parents, mais que c'est «une affaire d'adultes».

4– Favoriser des moments de tête-à-tête où l'enfant ou l'adolescent peut dire ses émotions et sentiments: peur, peine, colère, culpabilité, etc.

5– Ne pas accepter des accusations du genre: «Tu es tellement folle que je comprends que papa soit parti!» Dire à l'enfant: «Je peux comprendre que tu sois fâché, mais je n'accepte pas les insultes.»

6– Lui dire la vérité sur la ou les causes de la séparation, sans entrer dans les détails. Exemple: «Je ne pouvais plus vivre avec ton père, car il avait une autre femme dans sa vie.»

7– Encourager l'enfant à continuer d'aimer l'ex-conjoint, son père ou sa mère, sans pourtant l'idéaliser.

8– Si l'enfant s'essaie au chantage affectif ou à la comparaison pour avoir des choses ou des permissions, lui signifier clairement que sa tactique ne fonctionne pas avec vous: «Chez ta mère, tu peux te coucher quand tu veux, mais ici, tu te couches à neuf heures.»

9– Ce sont les parents qui doivent faire les arrangements financiers comme la pension de l'enfant. Quand il s'agit de dépenses extraordinaires que vous ne pouvez satisfaire, dire à l'enfant d'en faire la demande directement à son autre parent.

10– Pour la question de la garde ou autre décision concernant l'enfant, le consulter quand il est assez mûr pour faire un choix; lui expliquer les raisons pour lesquelles vous ne pouvez satisfaire son choix; établir des arrangements pour un temps déterminé; lui rappeler que les arrangements pourront être revus. Éviter de faire des règles à perpétuité.

11– Pour les rendez-vous de garde, être ponctuel pour ne pas créer d'anxiété chez l'enfant; dans votre maison, lui faire de la place pour ses effets personnels.

12– Rappeler à l'enfant qu'avec l'absence d'un parent on doit partager les tâches de la maison, mais que personne ne peut remplacer le conjoint absent.

13– Si l'un des parents est absent, essayer de trouver un parent substitut à l'enfant. Par exemple, trouver un grand frère ou une grande sœur; l'envoyer se promener souvent chez les grands-parents, chez les oncles et les tantes.

14– Si le parent a un nouvel ami (ou une nouvelle amie), s'assurer de la solidité du lien avant de le présenter à l'enfant.

Ce qu'il ne faut pas faire

1– Si possible, ne pas avoir de discussions ou de disputes violentes en présence de l'enfant. Un comportement civilisé de la part des parents enseignera à l'enfant comment se comporter en situation de conflit et comment le résoudre par le dialogue et la négociation.

2– Éviter de ventiler son ressentiment vis-à-vis du conjoint absent en présence de l'enfant.

3– Éviter d'impliquer l'enfant dans les disputes.

4– Ne pas faire de l'enfant un messager entre les ex-conjoints, mais se parler directement. L'enfant ne doit pas devenir un otage du ressentiment de l'un envers l'autre.

5– Éviter d'interroger l'enfant sur les agissements de l'ex-conjoint.

6– Éviter de parler à l'enfant des questions juridiques ou des problèmes de séparation qui ne le concernent pas.

7– Ne pas espérer un soutien affectif de la part de l'enfant durant les moments pénibles du deuil. Si l'enfant le donne spontanément, l'accepter. Sinon, aller chercher ailleurs ses appuis affectifs.

8– Ne pas dire à l'enfant ou ne pas lui laisser dire par d'autres qu'il est maintenant le «petit homme» (ou la «petite femme») de la maison.

9– Ne pas menacer l'enfant de l'envoyer chez l'autre parent quand on est fâché.

10– Éviter de jouer au parent-gâteau et de rivaliser pour gagner l'affection de l'enfant.

11– Ne pas exposer l'enfant à des «flirts» passagers.

Annexe II:
Guide de ressources
pour les personnes séparées/divorcées

Mouvements

Mouvement «Joie de vivre».
Contacter l'Office diocésain de la famille.

Le groupe d'entraide des séparés/divorcés du Québec.
Contacter Claudette Archambault, secrétariat.
Tél. (514) 661 1281

Le groupe d'entraide «Grandir ensemble» pour les enfants et adolescents. Voir dans la bibliographie le manuel pour adresses.

Services psychologiques et juridiques

Différents centres de counseling. Il arrive que les centres de counseling rattachés à une université offrent des services à des prix réduits.

CLSC de votre région ou Services publics d'hygiène mentale

Tel-Aide de votre région

Clinique de médiation de votre région

Clinique juridique de votre région

Services d'orientation de la jeunesse

Chancellerie de votre diocèse pour demande de décret de nullité de mariage

Psychologues et psychiatres spécialisés dans les problèmes de la famille monoparentale.

Bibliographie sommaire

Adler, A. et C. Archambault (1990). *Survivre au divorce*, Montréal, Édition de l'homme.

Gardner, Richard. *Le divorce expliqué aux garçons et aux filles*, Montréal, 1555 ouest rue de Louvain, Presses Sélect.

Michaud, Claude (1992). *Les saisons de la vie*, Montréal, Les Éditons du Méridien.

Monbourquette, Jean (1994). *Grandir. Aimer, perdre et grandir* (édition revue et augmentée), Ottawa, Novalis.

(1992). *Comment pardonner? Pardonner pour guérir, guérir pour pardonner*, Ottawa, Novalis.

Idem avec M. Ladouceur et M. Viau (1990). *Grandir ensemble dans l'épreuve: sessions pour jeunes*, Montréal, Éditions Paulines.

Office du consommateur. *Guide de consommation à la suite d'un deuil ou d'une séparation.*

Description: Trousse pour régler diverses affaires. On peut se procurer ce guide au bureau régional de la protection du consommateur.